D1160609

Celebremos la **diversidad** hispana

LA GENTE Y LA CULTURA DE MÉXICO

Rachael Morlock

Traducido por Esther Sarfatti

PowerKiDS press.

New York

Published in 2018 by The Rosen Publishing Group, Inc.
29 East 21st Street, New York, NY 10010

First Edition

Translator: Esther Sarfatti
Editorial Director, Spanish: Nathalie Beullens-Maoui
Editor, Spanish: María Cristina Brusca
Book Design: Rachel Rising

Photo Credits: Cover, iStockphoto.com/Steve Debenport; Cover (background) Alija/E+/Getty Images; Cover, p. 1 https://commons.wikimedia.org/wiki/File:Flag_of_Mexico.svg; p. 5 tateyama/Shutterstock.com; p. 7 BorisVetshev/Shutterstock.com; p. 9 StanislavBeloglazov/Shutterstock.com; p. 11 JONATHAN NACKSTRAND/AFP/Getty Images; p. 13 Morenovel/Shutterstock.com; p. 15 Suriel Ramzal/Shutterstock.com; p.17 Cristina Stoian/Shutterstock.com; p. 19 Gerardo C.Lerner/Shutterstock.com; p. 21 https://commons.wikimedia.org/wiki/File:Aztec_codex_replica.jpg; p. 23 Lena Wurm/Shutterstock.com; p. 25 Kobby Dagan/Shutterstock.com; p. 27 Ingrid Deelen/Shutterstock.com; p. 29 Anton_Ivanov/Shutterstock.com; p. 30 Brothers Good/Shutterstock.com.

Library of Congress Cataloging-in-Publication Data

Names: Morlock, Rachael.
Title: La gente y la cultura de México / Rachael Morlock.
Description: New York : PowerKids Press, 2018. | Series: Celebremos la diversidad hispana | Includes index.
Identifiers: ISBN 9781538327258 (pbk.) | ISBN 9781508163046 (library bound) | ISBN 9781538327562 (6 pack)
Subjects: LCSH: Mexico-Juvenile literature. | Mexico-Social life and customs-Juvenile literature.
Classification: LCC F1208.5 A73 2018 | DDC 972-dc23

Manufactured in the United States of America

CONTENIDO

¿QUÉ SIGNIFICA "MEXICANO"?

¿Qué significa ser mexicano? Algunos mexicanos tienen sus raíces en las civilizaciones **mesoamericanas** que florecieron hace cientos de años. Otros están ligados a tradiciones creadas durante los 300 años de la colonización española, que comenzó en 1521. México siguió cambiando después de convertirse en país independiente en 1821. Hoy en día, la mayor parte de los mexicanos tienen antepasados mesoamericanos y españoles. A estos se les llama mestizos.

La cultura de México es **diversa**, igual que su gente. Es una rica mezcla de muchas voces, historias, estilos artísticos, comidas, **rituales** y creencias propias que los mexicanos elaboraron a lo largo de su historia.

Actualmente en México viven 122 millones de personas. Estas personas, de diversos orígenes, se sienten unidas por su identidad mexicana, fruto de la integración de las coloridas culturas tradicionales y modernas.

La plaza de las Tres Culturas de la Ciudad de México se nombró así por las culturas mesoamericana, española y mestiza, representadas en sus edificios.

UN PAISAJE VARIADO

México se encuentra entre el océano Pacífico y el golfo de México, y comparte fronteras con Estados Unidos, Belice y Guatemala. Contiene grandes cadenas montañosas, valles profundos, desiertos secos, volcanes cubiertos de nieve, frondosas selvas tropicales y hermosas playas.

En estos **entornos** naturales tienen su hogar numerosos animales y plantas. En las selvas tropicales viven jaguares, osos hormigueros, monos araña y aves tropicales; mientras que las criaturas marinas, como las ballenas grises, nadan por las costas. En el desierto crecen más de 100 tipos de cactus. Los recursos naturales son abundantes, entre ellos están el petróleo, la plata, el cobre, el oro y el plomo.

El clima de México varía de unas zonas a otras y en cada una viven diferentes tipos de animales salvajes que son capaces de sobrevivir en ese clima. Sin embargo, la contaminación y la **deforestación** amenazan esta tierra y su **biodiversidad**.

Ik-Kil es un cenote que está cerca de Chichén Itzá, en México. Un cenote es un pozo, río subterráneo, o depósito natural de agua manantial, generalmente profundo.

La migración de la mariposa monarca

La ubicación de México, entre el círculo polar ártico y el ecuador, ofrece las condiciones ideales para la **migración** de los animales que buscan un lugar más cálido en donde pasar el invierno. Cada año, las mariposas monarca vuelan hacia el sur desde Canadá y Estados Unidos, recorriendo miles de millas en su viaje. Cuando llegan a México, a los valles templados de Michoacán y otras partes del país, sus alas de color negro, anaranjado y blanco transforman completamente el paisaje. Entre 30 y 100 millones de mariposas monarca se crían en Michoacán cada año, antes de volar de nuevo hacia el norte.

LOS PUEBLOS MESOAMERICANOS

Es probable que los primeros habitantes de México cruzaran un puente terrestre entre Asia y América del Norte, y viajaran por la costa hasta alcanzar México. A lo largo de generaciones, se fueron desarrollando varias civilizaciones, como las de los olmecas, aztecas, mayas y toltecas. Aunque estas civilizaciones eran diferentes, tenían en común **sacrificios** rituales, el estudio de las estrellas y la organización de los grupos sociales en rangos. Estos pueblos construyeron ciudades y pirámides, también aprendieron a comprender y dar forma al mundo que los rodeaba a través de la agricultura, las matemáticas, el arte y la religión.

Los descendientes de estas culturas son los pueblos mesoamericanos que constituyen el 14% de la población mexicana. Las comunidades mesoamericanas valoran la familia y la tradición; además hablan lenguas que han existido desde tiempos **prehispánicos** antes de que se introdujera el idioma español. Muchos elementos de las artes, **costumbres** e historia de las culturas mesoamericanas son poderosos símbolos de la identidad mexicana.

La pirámide del Sol es una de las más grandes del mundo. La construcción de la antigua ciudad de Teotihuacán demuestra la extraordinaria habilidad y el alto grado de organización que tenían los aztecas.

HÉROES Y FIGURAS HISTÓRICAS

La cultura mexicana honra a las personas que han defendido a su comunidad. Uno de los héroes mexicanos más antiguos es Cuauhtémoc, emperador azteca que defendió la ciudad de Tenochtitlán del conquistador español Hernán Cortés. A pesar de haber sido derrotado, la fuerza de Cuauhtémoc es legendaria.

Bajo el dominio español, muchos mexicanos valientes se pronunciaron en contra de la injusticia de la colonización. En 1810, el cura Miguel Hidalgo y Costilla comenzó una rebelión cuando hizo sonar las campanas de la iglesia y exigió un México libre e independiente, lo cual se logró en 1821. Años más tarde, en 1910, el pueblo mexicano se levantó contra el Porfiriato, es decir contra la dictadura de Porfirio Díaz; esta lucha es conocida como la Revolución mexicana y duró aproximadamente 10 años.

Benito Juárez, presidente de México durante el siglo XIX, es admirado por su compromiso con la mejora del país. Pancho Villa y Emiliano Zapata fueron revolucionarios que defendieron los derechos de los pobres y los pueblos mesoamericanos. Muchos líderes heroicos han luchado por la justicia y la igualdad, y son recordados como tal.

Mario Molina es un héroe actual y el primer científico mexicano en recibir el Premio Nobel de Química.

VIDA ESPIRITUAL Y LEYENDAS

Cada una de las culturas prehispánicas tenía su propia religión. Los dioses más importantes representaban los elementos naturales, y había formas especiales de adorarlos y pedir su ayuda. Algunas religiones mesoamericanas todavía se practican hoy, aunque en la mayoría de los casos se combinan de forma creativa con el catolicismo. Alrededor del 85% de los mexicanos son católicos. Esto influye en los días festivos, tradiciones y costumbres diarias.

La fiesta de san Juan Diego, un indígena mesoamericano, se **conmemora** el día 12 de diciembre de cada año. Según la historia, en 1531, la Virgen María se le apareció a Juan Diego en una colina de las afueras de la Ciudad de México y le pidió que asegurara la construcción de una iglesia en su honor en un lugar cercano. Como muchos mexicanos, la Virgen tenía la piel oscura y hablaba una lengua mesoamericana. Esta es la Virgen de Guadalupe, un símbolo muy importante de la fe mexicana. Ella representa la unión de las creencias religiosas antiguas y nuevas. Sus imágenes se exhiben con orgullo por todo el país.

Muchos mexicanos hacen viajes especiales, o peregrinaciones, para visitar la **basílica** que se construyó en honor a la Virgen de Guadalupe.

El águila y la serpiente

El símbolo que aparece en la bandera de México viene de una leyenda azteca. Los aztecas eran **nómadas** pero buscaban un lugar en donde asentarse. Según una **profecía**, cuando encontraran el lugar perfecto verían un águila que, posada en un nopal (un tipo de cactus), comía una serpiente. Cuando por fin vieron esta señal, en el centro de un lago, construyeron la gran ciudad de Tenochtitlán, en un sistema de jardines flotantes. Este lugar luego se convirtió en la Ciudad de México, la más grande del país y la ciudad de América del Norte que ha sido habitada de forma continua durante más tiempo.

13

FESTIVALES Y FIESTAS

Las fiestas mexicanas son una mezcla animada del calendario católico, las tradiciones mesoamericanas y el orgullo nacional. Las fiestas familiares, como los cumpleaños, se celebran con reuniones y comidas. Los días festivos nacionales, como el Día de la Independencia, se celebran en comunidad con desfiles y fiestas. Las celebraciones religiosas se festejan con comidas y rituales.

El Día de los Muertos tiene lugar, cada año, en el mes de noviembre. Ese día, los mexicanos invitan a los muertos a reunirse con ellos en la Tierra. Se preparan las comidas favoritas de los muertos; y se disponen en altares adornados con calaveras decorativas hechas de azúcar, fotografías, regalos y flores amarillas llamadas "cempasúchil", especie similar a la caléndula. Algunas familias pasan la noche en el cementerio. Allí encienden velas, cantan canciones, rezan y comen juntos, compartiendo la comida con sus seres queridos que ya han fallecido.

Para las celebraciones del Día de los Muertos, las panaderías venden pan de muerto, un tipo de pan dulce con frutas secas y adornos con forma de huesos y calaveras.

COCINA TRADICIONAL

La cocina mexicana es conocida por sus combinaciones picantes y sabrosas. Algunos alimentos básicos como el chile, maíz y frijol, se han comido en México desde tiempos prehispánicos. Otros alimentos esenciales de la cocina mesoamericana son los tomates, papas y chocolate que se comen en México hoy en día.

Existen más de 100 tipos de chiles, o pimientos picantes, mexicanos. Los hay de muchos tamaños, formas y grados de picante, y estos son esenciales para el sabor de los platos locales.

Las especias y hierbas como los clavos, comino, tomillo, canela, orégano y cilantro también se usan para dar sabor a la comida. El chocolate era un alimento muy apreciado por los aztecas y se sigue usando en recetas tradicionales y salsas especiales. Algunos ingredientes peculiares como los grillos, los huevos de insectos y los catus también tienen su lugar especial dentro de las especialidades de la cocina mexicana.

Esta mujer, en Cobá, México, da forma a las tortillas con las manos, siguiendo la tradición. Después las tortillas se cocinan en una piedra grande y plana sobre un fuego de leña.

OBRAS MAESTRAS MEXICANAS

El arte mexicano es bien conocido por sus vivos colores y escenas animadas. Las civilizaciones antiguas crearon pirámides, esculturas y pinturas murales impresionantes que nos dan pistas para comprender su estilo de vida. Las pinturas murales son una de las formas de arte que más se identifican con México; Diego Rivera es uno de los muralistas más conocidos del país. En la década de 1920, tanto México como Estados Unidos le encargaron enormes pinturas murales para adornar sus edificios públicos. Estas pinturas cuentan la historia de la gente mexicana y representan tanto sus raíces mesoamericanas como españolas en escenas históricas.

Frida Kahlo, esposa de Diego Rivera, es la artista mexicana más conocida mundialmente. Frida pintó autorretratos en los que exploraba la historia de su vida y su identidad de mujer mexicana. Los vivos colores que usaba, su estilo sencillo y hasta la ropa que llevaba rendían homenaje a la cultura mesoamericana.

Esta pintura mural es obra de Diego Rivera. Cuenta la historia de México, y quienes visiten el Palacio Nacional de México la pueden admirar.

Artesanías

La artesanía y el arte folclórico juegan un papel importante en la riqueza cultural de México. La gente de diferentes regiones de México se especializa en una variedad de artesanías, como la tejeduría, cerámica, orfebrería, marroquinería y cestería. Muchos de los artículos que producen son funcionales, además de ser decorativos. Por ejemplo, algunos artesanos hacen preciosas cazuelas y ollas con adornos florales, que se pueden usar para cocinar y servir la comida. A menudo estas artesanías se enseñan en talleres y escuelas, y muestran el entusiasmo de los mexicanos por el color y la tradición.

HISTORIAS Y SÍMBOLOS

Los escritos prehispánicos de México usaban pictogramas, o ilustraciones simbólicas de palabras o ideas. Los pueblos antiguos utilizaban estos pictogramas para anotar los acontecimientos importantes en largos trozos de cuero, tela o papel doblados. Algunas historias y poesías mesoamericanas se recitaban de memoria, preservándose a través de la narración. Más tarde, muchas de ellas fueron traducidas e impresas en libros por los españoles.

Hoy en día el 95% de los mexicanos habla español y la mayor parte de la literatura mexicana está escrita en este idioma. Uno de los escritores mexicanos más famosos es Octavio Paz, ganador del Premio Nobel de Literatura. Paz escribió poesías y ensayos en los que examinaba la vida, la cultura y los mitos mexicanos.

Por muchos años, gran parte de la literatura mexicana tuvo que ver con la Revolución Mexicana. Más tarde, el patriotismo se convirtió en un tema muy popular. La literatura mexicana es reconocida y apreciada en todo el mundo.

Un libro hecho de pictogramas antiguos se llama códice. Esta es una copia de un códice creado para anotar las celebraciones regulares del calendario azteca.

Los escritos de sor Juana Inés de la Cruz

Sor Juana Inés de la Cruz nació en 1651, cerca de la Ciudad de México. Cuando era adolescente, Sor Juana se hizo monja católica para poder leer, escribir y estudiar libremente. En el convento escribió ensayos, obras de teatro y poemas ingeniosos. Aunque no era la costumbre de su época, Sor Juana creía que las niñas deberían ir a la escuela como los niños. A través de sus escritos, intentaba convencer a los demás de que las mujeres tenían derecho a recibir educación. Un retrato de Sor Juana aparece en billetes mexicanos.

ROPA TRADICIONAL

Junto a las prendas de estilo moderno, la ropa tradicional se usa en todo México. Las blusas, faldas cruzadas y chales tradicionales se tejen con lana teñida e hilo de algodón, y llevan detallados bordados de adorno. Los diseños varían de un pueblo a otro, de manera que se puede saber de dónde es alguien según el diseño de su ropa.

En general, más mujeres que hombres siguen la moda tradicional. Sin embargo, una excepción es la guayabera, un tipo de camisa que aún usan los hombre en Yucatán y Veracruz. Muchas mujeres llevan el huipil, que es una túnica larga con adornos bordados. Durante los festivales de México central, es común ver trajes de china poblana. Se trata de un estilo de ropa femenina que combina una blusa blanca con una amplia falda brillante, roja y verde. Para las ocasiones especiales, los hombres visten ropa inspirada por los charros, o vaqueros mexicanos. Llevan chaquetas entalladas, pantalones con adornos bordados y botones brillantes, así como sombreros anchos.

El arte de tejer

Las mujeres mexicanas emplean tiempo y destreza para producir ropa tradicional. Las tinturas naturales, como el azul del arbusto del añil o el rojo de un insecto llamado cochinilla, se han utilizado durante siglos para crear vivos colores. Una vez que el algodón o la lana se tiñe e hila, se puede usar para tejer en un telar. Muchas mujeres usan un telar de cintura, que es portátil. Un extremo se coloca en la cintura de la mujer y su cuerpo forma un marco ajustado para tejer.

La tela tejida se cose para hacer las prendas de vestir.

RITMOS VIBRANTES

Se han encontrado pequeñas tallas antiguas de músicos alegres que nos indican que la música siempre ha sido una parte importante de la vida mexicana. Hoy en día, la música y la danza mexicanas reflejan una **herencia** cultural diversa, y son una mezcla de diferentes estilos. Muchas danzas tradicionales mexicanas se acompañan con música. Muchas nos cuentan historias a través de ritmos y movimientos enérgicos y trajes llamativos de vivos colores.

El mariachi, un símbolo de la cultura mexicana, es un estilo de música tradicional muy popular. Las bandas de mariachis tocan en lugares públicos, como en las plazas mayores de ciudades y pueblos. Allí, el público puede bailar y pedir sus canciones favoritas. Vestidos con alegres trajes charros y grandes sombreros, estos músicos tocan guitarras, violines y trompetas. Algunos de los temas favoritos de sus canciones son el amor, el patriotismo y la revolución.

Hoy día, las danzas tradicionales se bailan en los festivales, como el Encuentro del Mariachi y la Charrería de Guadalajara.

Danzas tradicionales

La música y los trajes usados en la danzas tradicionales nos dan pistas acerca del lugar de origen de los bailes. La danza del venado viene de las tribus yaqui y mayo, y representa la cacería de un venado. La iguana, una danza de Guerrero, imita los movimientos de una iguana. La danza nacional de México es un baile de pareja que se llama jarabe tapatío. Cada danza tiene un mensaje **particular** y revela un aspecto diferente de la cultura mexicana.

DEPORTES Y JUEGOS

Uno de los deportes más antiguos del mundo tiene sus raíces en México. Durante miles de años, los pueblos mesoamericanos jugaron un juego de pelota parecido al fútbol. En este deporte, dos equipos competían para llevar una pelota de goma al lado del equipo contrario y hacerla pasar por un aro de piedra. Los jugadores usaban sus caderas para pasar la pelota. A menudo los jugadores eran guerreros que participaban para hacerse más fuertes. Algunas veces, este juego formaba parte de un ritual religioso.

Otros deportes tradicionales mexicanos incluyen el toreo y las charreadas o rodeos. La lucha libre también es popular en México. Los aficionados a la lucha libre llenan grandes estadios, en donde se reúnen para animar a los luchadores. Los combates se ensayan de antemano; y los luchadores, por sus trajes y nombres extravagantes, se parecen más a personajes de ficción que a atletas.

El complejo del Gran Juego de Pelota de Chichén Itzá es un sitio arqueológico de los antiguos mayas situado en Yucatán, México. En este lugar dos equipos, de siete personas cada uno, jugaban a pasar pelotas pesadas por unos aros de piedra que había en las paredes.

27

COMPARTIR LA CULTURA MEXICANA

Hace cientos de años que viven mexicanos en Estados Unidos. Los mexicoamericanos constituyen aproximadamente un 11% de la población de Estados Unidos. Han traído consigo su sentido de lealtad hacia la familia y la comunidad, además de sus costumbres y celebraciones únicas. Muchas comunidades mexicoamericanas están muy unidas porque se apoyan mutuamente, siguen hablando español y celebrando su herencia cultural.

Es fácil ver tradiciones mexicanas por todo Estados Unidos. Por ejemplo, muchos mexicoamericanos hacen fiestas de quinceañeras. En estas fiestas se celebra el hecho de que una joven haya cumplido los quince años. Otro ejemplo es la celebración de la Charro Days Fiesta, que tiene lugar en Brownsville, Texas. En este festival, los mexicoamericanos tienen ocasión de compartir sus experiencias del pasado y celebrar su identidad cultural. A través de la celebración de los rituales antiguos y la creación de nuevas tradiciones, los mexicoamericanos festejan su cultura binacional.

Las celebraciones del Día de los Muertos se han vuelto muy populares en Estados Unidos.

UNA IDENTIDAD CAMBIANTE

La vida en México ha cambiado de manera significativa desde los tiempos prehispánicos hasta la actualidad. A lo largo de su historia, los mexicanos han encontrado formas creativas de adaptarse a la vida moderna mientras conservan su identidad cultural particular. Cuando han visto amenazadas sus costumbres, los mexicanos han sabido mantener la esencia de las creencias antiguas, a la vez que las compaginaban con las nuevas. Al enfrentarse a desafíos futuros y lograr nuevos avances, tendrán más oportunidades para definir qué significa ser mexicano.

Si examinamos la cultura mexicana, podemos valorar las diversas formas en las que se puede vivir, entender y celebrar la vida. Las tradiciones mexicanas son estimulantes, emocionantes, llenas de colorido, familiares y a veces misteriosas. Observarlas nos puede ayudar a mejorar nuestra comprensión de lo que significa formar parte de un mundo diverso y constantemente cambiante.

GLOSARIO

basílica: una iglesia grande y notable.

biodiversidad: la variedad de plantas y animales que viven en una zona o hábitat.

conmemorar: recordar a alguien o algo de manera oficial.

costumbre: una acción o forma de comportarse que es tradicional entre la gente de un determinado grupo o lugar.

deforestación: el hecho o resultado de talar o quemar todos los árboles de una zona.

diverso: que tiene muchos diferentes clases o variedades.

entorno: ambiente, lo que nos rodea.

herencia: las tradiciones y creencias que forman parte de la historia de un grupo o nación.

mesoamericano: lo relacionado con América Central y la parte sur de América del Norte que, en el pasado, fueron ocupadas por pueblos que compartían rasgos culturales, como los mayas y los aztecas.

migración: el movimiento de animales de un lugar a otro por el cambio de las estaciones.

nómada: el que no vive en un lugar fijo y se muda de un lugar a otro.

particular: especial o extraordinario.

prehispánico: lo relacionado con las culturas de América del Norte, América Central y América del Sur antes de la llegada de los españoles.

profecía: una predicción de lo que pasará en el futuro.

ritual: una ceremonia religiosa, sobre todo cuando consiste en una serie de acciones que se realizan en un determinado orden.

sacrificio: el acto de ofrecer un regalo como parte de una ceremonia religiosa o el regalo que se ofrece.

ÍNDICE

SITIOS DE INTERNET

Debido a la naturaleza cambiante de los enlaces de Internet, PowerKids Press ha elaborado una lista de sitios relacionados con el tema de este libro. Este sitio se actualiza de forma regular. Por favor, utiliza este enlace para acceder a la lista: www.powerkidslinks.com/chd/mexi